MAJA SÄFSTRÖM

PINGUINE SIND KITZLIG

Aus dem Englischen von Elvira Willems

BIENEN SCHLAFEN NIE UND KEINER SCHWIMMT SO LANGSAM WIE DAS SEEPFERDCHEN

VERBLÜFFENDES AUS DER TIERWELT

PENGUIN VERLAG

UND WARUM KOMME ICH NICHT VOR?

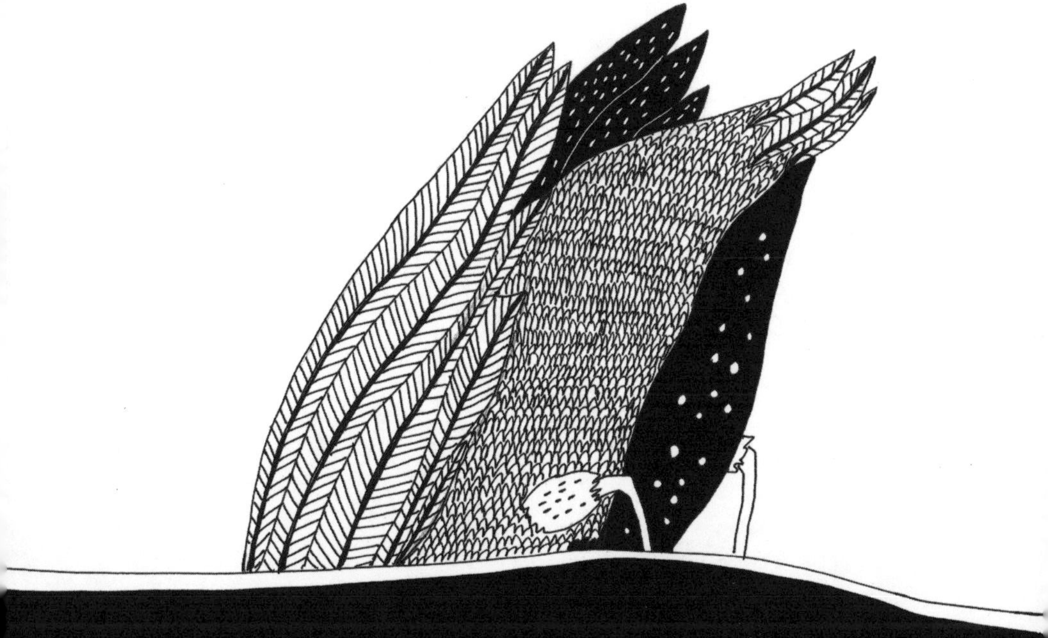

LIEBE LESERIN,
LIEBER LESER,

IN DIESEM BUCH HABE ICH EIN PAAR VON MEINEN LIEBLINGSTIEREN GEZEICHNET UND EINIGE ERSTAUNLICHE FAKTEN ÜBER SIE ZUSAMMENGETRAGEN, DIE ICH IHNEN NICHT VORENTHALTEN MÖCHTE.

DIESE FAKTEN SIND NUR EIN WINZIGER AUSSCHNITT AUS DEN VIELEN VERRÜCKTEN, FANTASTISCHEN UND INTERESSANTEN DINGEN, DIE TIERE SO BESONDERS MACHEN.

ICH HOFFE, SIE HABEN SPASS MIT DEM BUCH,
LERNEN ETWAS NEUES
UND WERDEN AN DIE FASZINIERENDE
SCHÖNHEIT DER TIERWELT ERINNERT.

EULEN KÖNNEN DEN KOPF FAST GANZ IM KREIS DREHEN, BIS ZU 270 GRAD

– ABER DIE AUGEN KÖNNEN SIE NICHT BEWEGEN!

EULEN HABEN DREI AUGENLIDER: EINES ZUM BLINZELN, EINES ZUM SCHLAFEN UND EINES, UM DIE AUGEN ZU REINIGEN!

ORANGE

BIBER HABEN ORANGEFARBENE ZÄHNE,
DIE IHR GANZES LEBEN LANG WACHSEN.

SEEPFERDCHEN

SIND DIE LANGSAMSTEN FISCHE DER WELT!

BEI DEN SEEPFERDCHEN
WERDEN DIE MÄNNCHEN
TRÄCHTIG.

SIE LEBEN IN PAAREN
UND SCHWIMMEN MIT
INEINANDERGEHAKTEN
SCHWÄNZEN NEBEN-
EINANDERHER!

UNTER DEM
SCHWARZEN FELL
IST DIE HAUT DER
PANDAS
SCHWARZ UND UNTER
DEM WEISSEN FELL
ROSA.

PANDAS ERNÄHREN SICH FAST AUSSCHLIESSLICH VON BAMBUS, ABER SIE KÖNNEN AUCH FLEISCH VERDAUEN.

SIE MÜSSEN BIS ZU 45 KILOGRAMM BAMBUS AM TAG FRESSEN, UM GENÜGEND NÄHRSTOFFE ZU BEKOMMEN!!

ES GIBT
SCHMETTERLINGSARTEN
MIT EINER FLÜGELSPANNWEITE
VON BIS ZU 30 ZENTIMETERN.

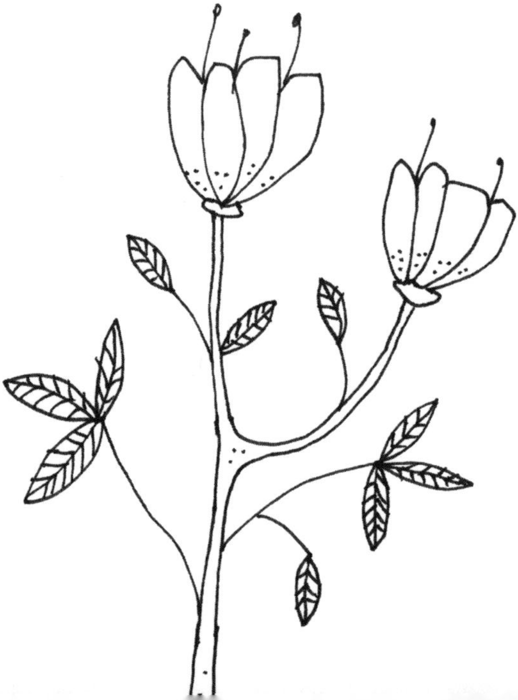

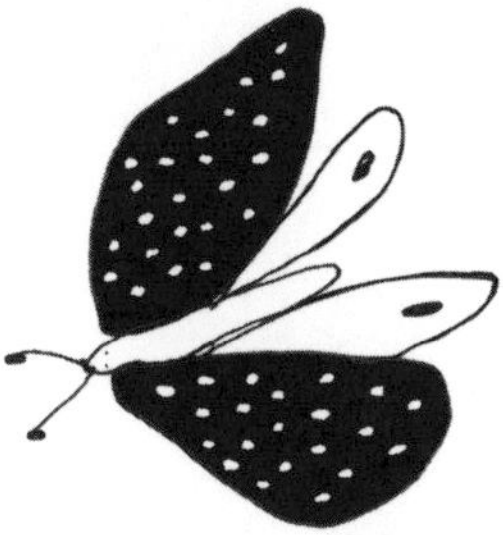

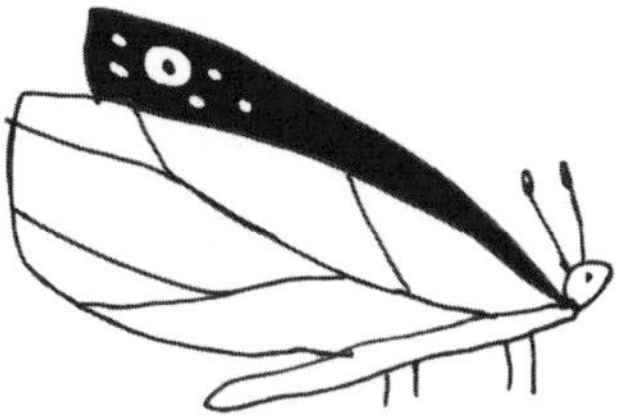

EINIGE

SCHMETTERLINGE

NEHMEN ALS ERWACHSENE KEINE NAHRUNG ZU SICH, DENN SIE HABEN KEINEN MUND …

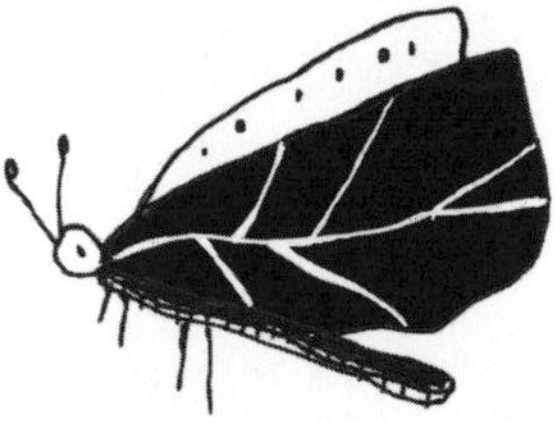

… SIE MÜSSEN ALLEIN VON DEN ENERGIEVORRÄTEN LEBEN, DIE SIE ALS RAUPEN ANGELEGT HABEN!

KÄNGURUS

KÖNNEN NICHT
RÜCKWÄRTS GEHEN.

EIGENTLICH GEHEN SIE NIE. SIE BEWEGEN SICH SPRINGEND VORWÄRTS.

EIN KÄNGURU IST BEI DER GEBURT NICHT GRÖSSER ALS EINE KIDNEYBOHNE.

KROKODILE

VERGIESSEN TRÄNEN ...
WENN SIE FRESSEN!

ABER SIE KAUEN IHRE NAHRUNG NICHT, SONDERN SCHLUCKEN STEINE, MIT DENEN SIE SIE IM BAUCH ZERKLEINERN!

KROKODILE KÖNNEN
DREI JAHRE OHNE NAHRUNG
AUSKOMMEN!!

DIE STEINE SORGEN AUCH DAFÜR, DASS SIE NICHT SO SCHNELL WIEDER HUNGER KRIEGEN, UND HELFEN IHNEN, TIEFER ZU TAUCHEN.

GÜRTELTIERE SIND NAHEZU BLIND UND TAUB, HABEN ABER EINEN FANTASTISCHEN GERUCHSSINN.

ES GIBT AUCH EINE ROSAFARBENE GÜRTELTIER-ART.

HEISST GÜRTELMULL.

NEUNBINDEN-GÜRTELTIERE BRINGEN IMMER* VIER IDENTISCHE JUNGE ZUR WELT.

*FAST IMMER!

RABEN KÖNNEN LAUTE NACHMACHEN, GENAU WIE PAPAGEIEN!

UND SIE KÖNNEN
RECHNEN!

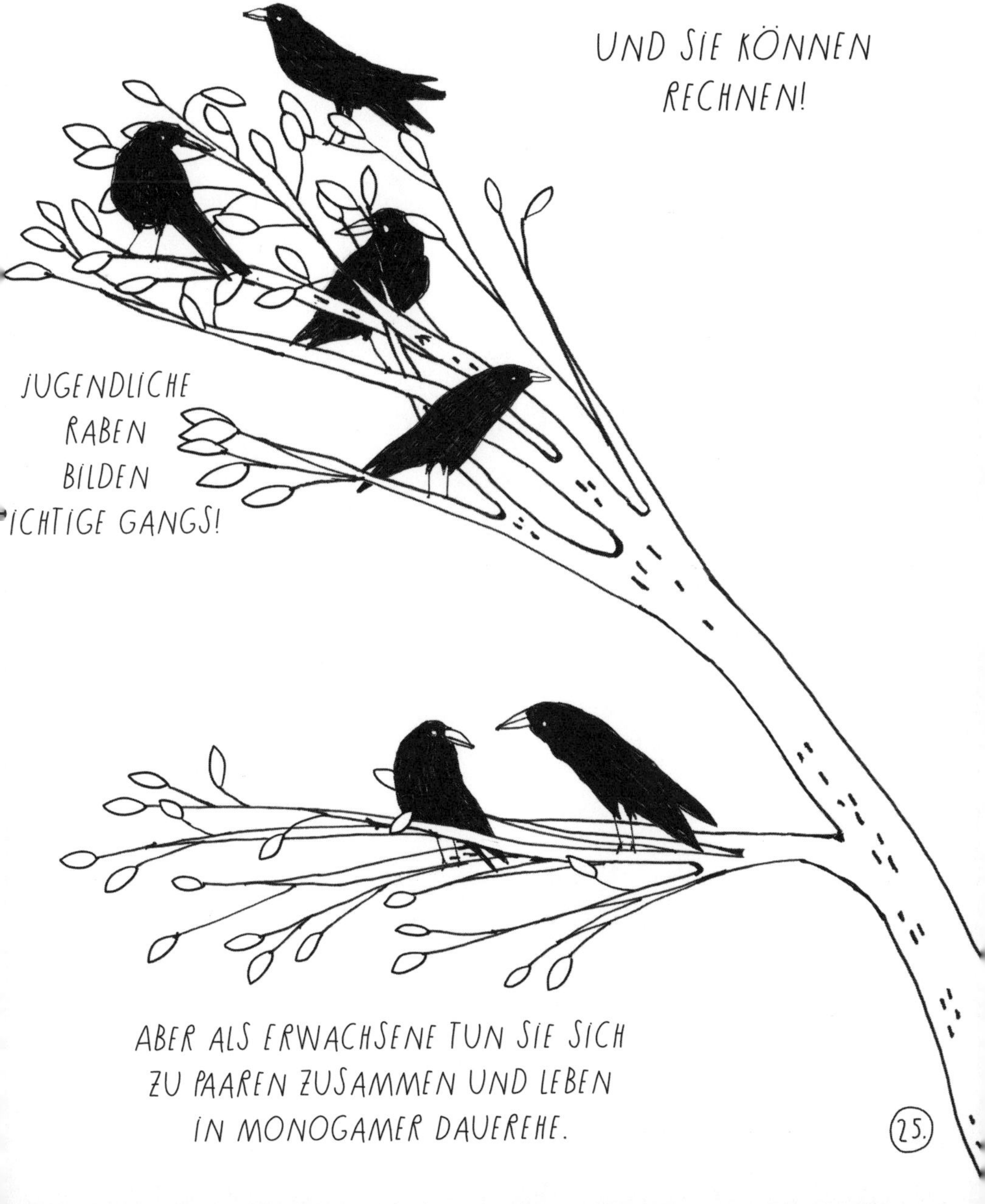

JUGENDLICHE
RABEN
BILDEN
ICHTIGE GANGS!

ABER ALS ERWACHSENE TUN SIE SICH
ZU PAAREN ZUSAMMEN UND LEBEN
IN MONOGAMER DAUEREHE.

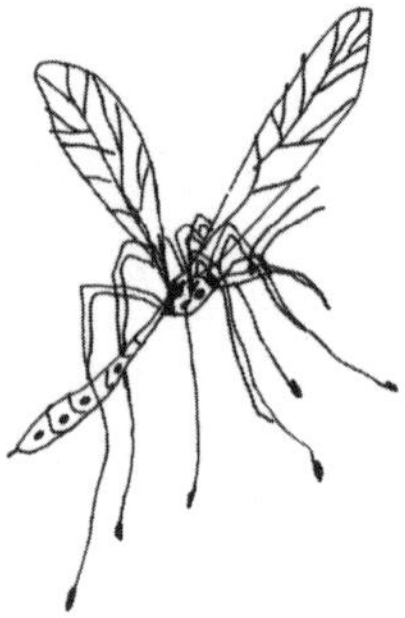

STECHMÜCKEN

BEISSEN MENSCHEN NICHT
NUR - SIE PIESELN AUCH AUF SIE!

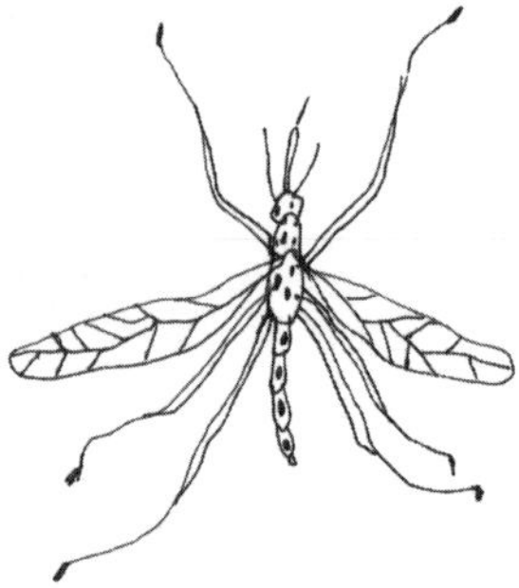

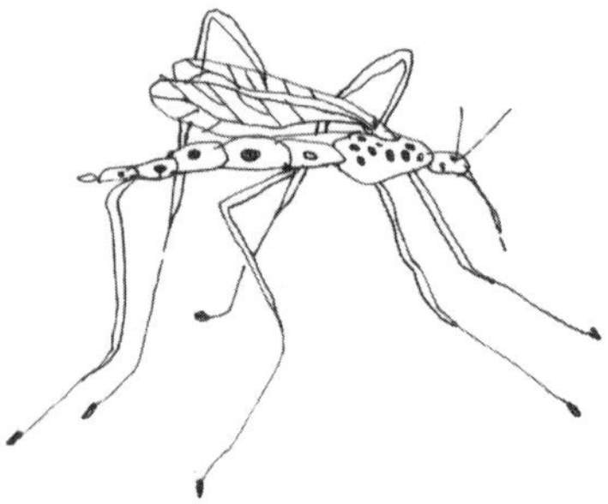

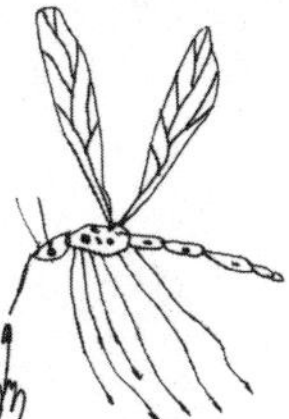

NUR MOSKITOWEIBCHEN
SAUGEN BLUT.
DIE MÄNNCHEN
ERNÄHREN SICH VON
BLÜTENNEKTAR!

DACHSE GRABEN TOLLE UNTERIRDISCHE HÖHLEN, DIE BIS ZU 50 AUSGÄNGE (!) HABEN KÖNNEN UND MEHREREN DACHSFAMILIEN UNTERSCHLUPF BIETEN!

SEEOTTER

HALTEN EINANDER BEIM SCHLAFEN
IM WASSER AN DER HAND,
DAMIT SIE NICHT AUSEINANDERTREIBEN!

KIWIS KÖNNEN NICHT FLIEGEN. (SIE BESITZEN FLÜGEL, ABER DIE SIND WINZIG.)

SIE SIND DIE EINZIGEN VÖGEL, BEI DENEN DIE NASENLÖCHER AN DER SPITZE DES SCHNABELS LIEGEN.
IM VERGLEICH ZU IHRER KÖRPERGRÖSSE SIND IHRE EIER RIESIG!
KURZ BEVOR DAS WEIBCHEN DAS EI LEGT, IST ES SO RUND, DASS SEIN BAUCH ÜBER DEN BODEN SCHLEIFT!

WENN EINER **SCHNECKE**
DAS WETTER NICHT GEFÄLLT, ZIEHT
SIE SICH IN IHR HAUS ZURÜCK
UND GEHT IN WINTERSTARRE,
BIS ES BESSER WIRD.

BIS ZU DREI JAHRE!!!

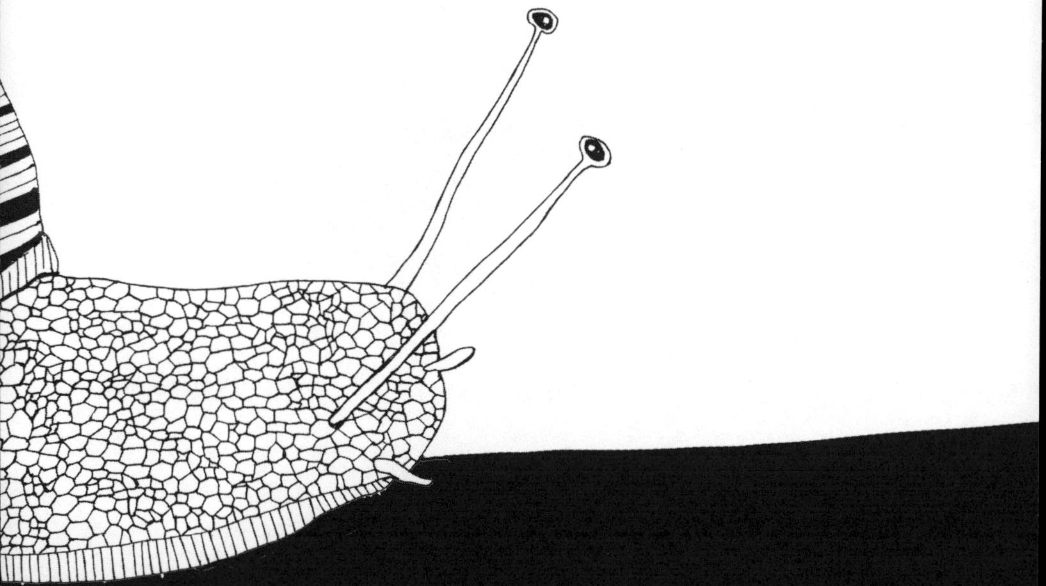

TINTENFISCHE

BESITZEN
MEHR
HIRNZELLEN
ALS MENSCHEN.

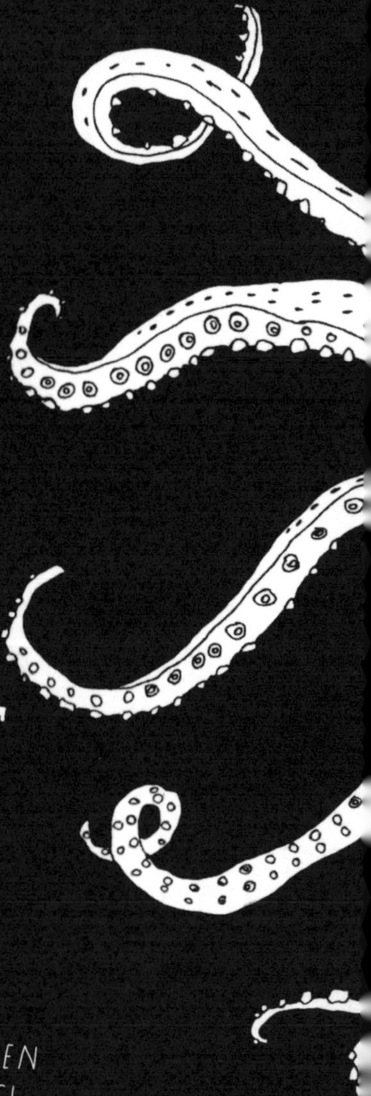

SIE KÖNNEN MIT IHREN
TENTAKELN RIECHEN
UND SCHMECKEN.

UND
SIE BENUTZEN
WERKZEUG!

SIE HABEN
DREI HERZEN!

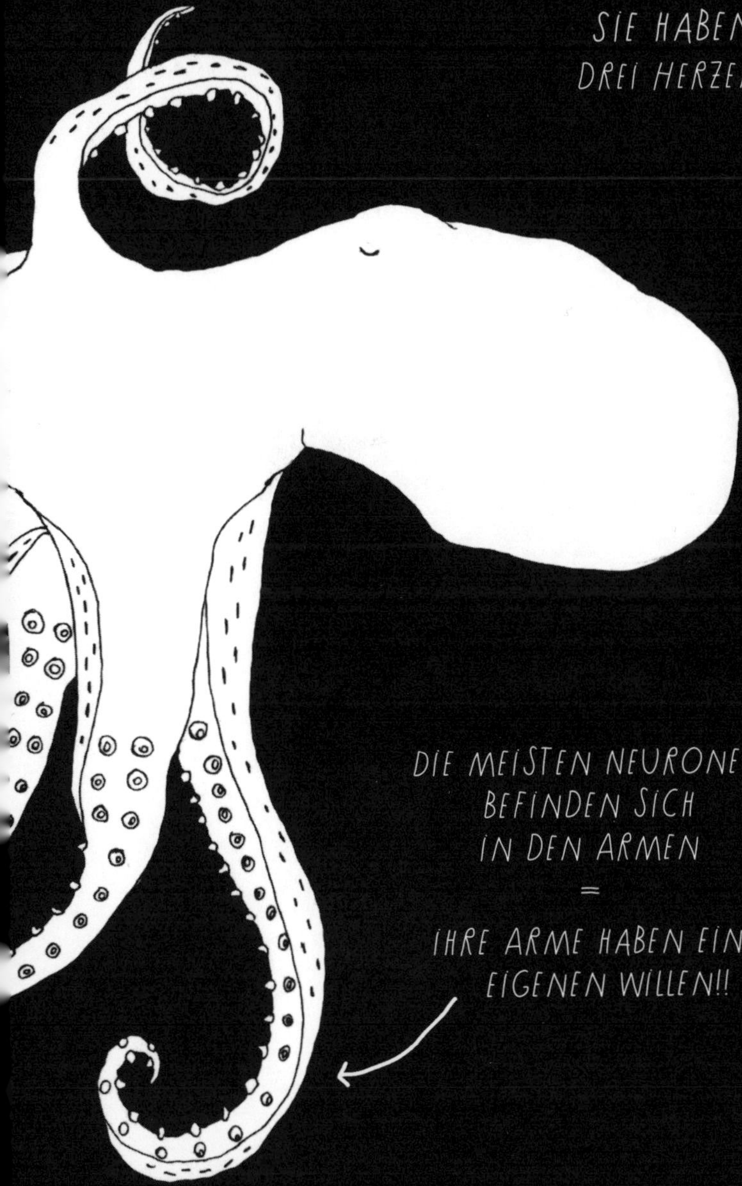

DIE MEISTEN NEURONEN
BEFINDEN SICH
IN DEN ARMEN
=
IHRE ARME HABEN EINEN
EIGENEN WILLEN!!

STRAUSSE

KÖNNEN SCHNELLER LAUFEN ALS PFERDE!

ABER SIE KÖNNEN NICHT RÜCKWÄRTS GEHEN.

BEI DEN STRAUSSEN
IST DAS AUGE
GRÖSSER ALS
DAS GEHIRN!!

EIN **ELCH**
SPÜRT, WENN
EINE FLIEGE AUF
SEINEM GEWEIH LANDET!

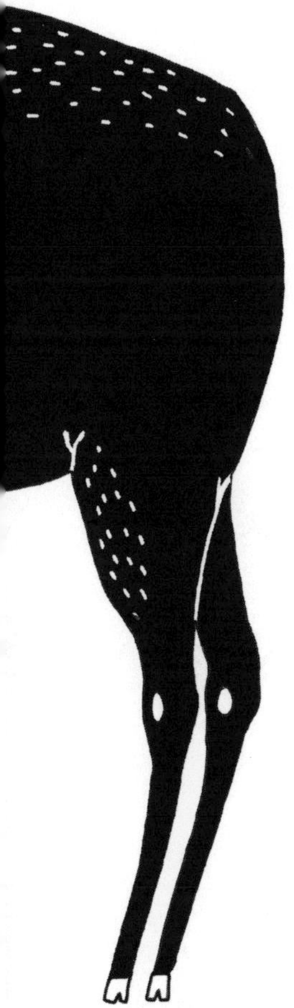

FLIEGEN
SIE KÖNNEN MIT DEN FÜSSEN SCHMECKEN!
KACKEN ALLE 5 MINUTEN!
SIE SIND TAUB.

UND SIE KOTZEN AUF IHR (EUER) ESSEN, BEVOR SIE ES VERSPEISEN.

UM LOSZUFLIEGEN, MÜSSEN SIE RÜCKWÄRTS HOCHSPRINGEN.

SCHILDKRÖTEN

KÖNNEN ÜBER
150 JAHRE ALT
WERDEN.

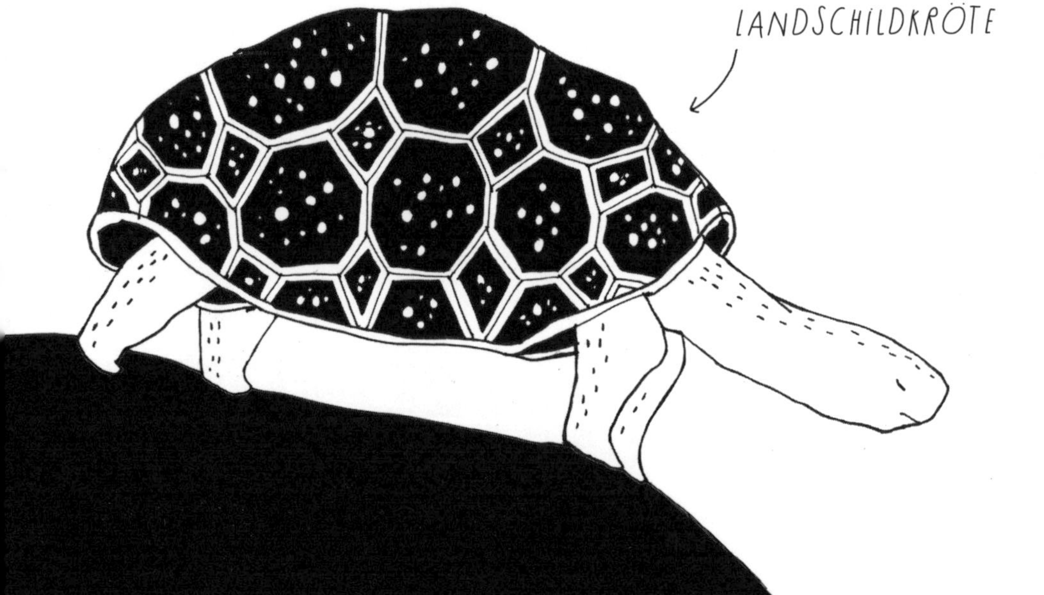

DER SCHILDKRÖTENPANZER
BESTEHT AUS ÜBER
60 VERSCHIEDENEN KNOCHEN,
DIE ALLE MITEINANDER
VERBUNDEN SIND.

SCHILDKRÖTEN KÖNNEN
DURCH DEN PANZER FÜHLEN!

DIE CHINESISCHE LEDERSCHILDKRÖTE
PIESELT DURCH DEN MUND!

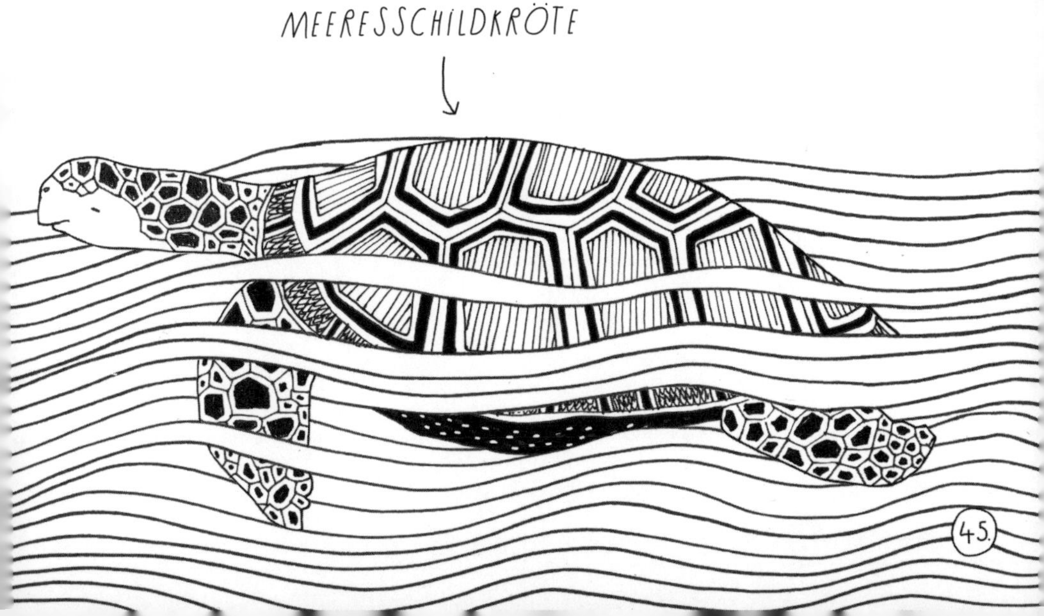

KOLIBRIS

FLATTERN BIS ZU 200 MAL IN DER SEKUNDE MIT DEN FLÜGELN!!!

DAFÜR BRAUCHEN SIE SO VIEL ENERGIE, DASS SIE JEDEN TAG BIS ZUM 8-FACHEN IHRES KÖRPERGEWICHTS AN NAHRUNG ZU SICH NEHMEN MÜSSEN.

IHRE EIER SIND SO KLEIN WIE ERBSEN.

SIE SIND DIE EINZIGEN VÖGEL, DIE RÜCKWÄRTS FLIEGEN KÖNNEN.

DER LÄNGSTE
REKORDSPRUNG EINES

FROSCHES

GING ÜBER
14 METER!

FROSCHVÄTER BE-
SCHÜTZEN IHRE
BABYS, INDEM SIE SIE
INS MAUL NEHMEN!

WALDFRÖSCHE KÖNNEN
IM WINTER VOLLSTÄNDIG
DURCHFRIEREN.

IM NÄCHSTEN FRÜHLING
TAUEN SIE WIEDER AUF UND
ALLES IST GUT!!

KAISERPINGUINMÄNNCHEN PASSEN ZWEI MONATE LANG AUF DIE EIER AUF, OHNE ZU FRESSEN, WÄHREND DIE WEIBCHEN AUF NAHRUNGSSUCHE GEHEN.

PINGUINE

KÖNNEN NICHT FLIEGEN.

ABER SIE KÖNNEN FAST 2 METER AUS DEM WASSER SPRINGEN.

PINGUINE LACHEN, WENN SIE GEKITZELT WERDEN!

DIE EXKREMENTE VON PINGUINEN SIND IN MANCHEN GEGENDEN DER ANTARKTIS SOGAR VOM WELTRAUM AUS ZU ERKENNEN.

ES GIBT AUCH PINGUINE IN AFRIKA!

(UND IN AUSTRALIEN, SÜDAMERIKA UND NEUSEELAND!)

DAS HERZ EINER

MAUS

SCHLÄGT BIS

ZU 750 MAL PRO MINUTE.

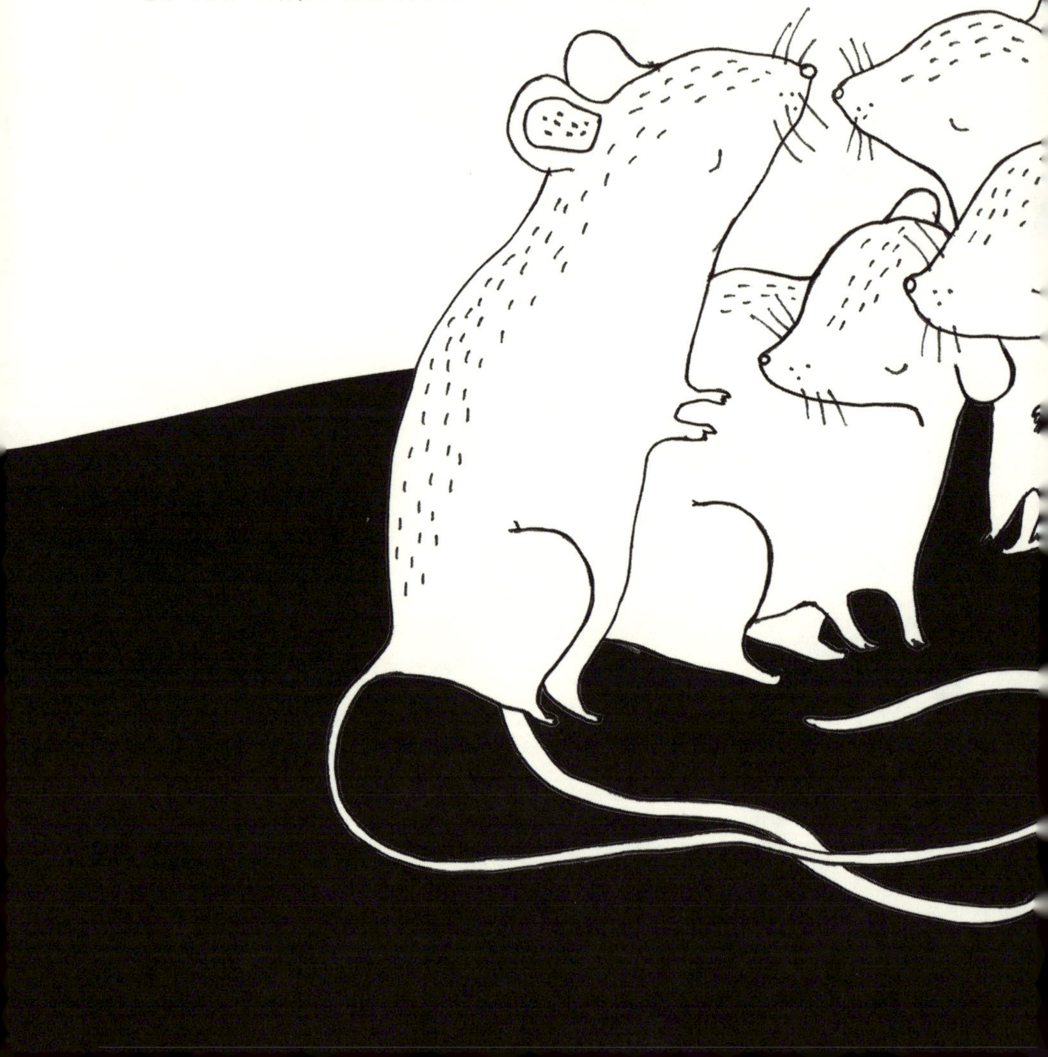

MÄUSE KÖNNEN DURCH LÖCHER
LÜPFEN, DIE SO KLEIN SIND, DASS
AN GERADE MAL EINEN BLEISTIFT
REINSTECKEN KANN.

MAUERSEGLER

VERBRINGEN DEN GRÖSSTEN TEIL IHRES LEBENS IN DER LUFT.

SIE KÖNNEN ÜBER SECHS MONATE UNUNTERBROCHEN FLIEGEN!!!

DABEI FRESSEN SIE IN DER LUFT, RUHEN SICH AUS UND VERPAAREN SICH!

TARANTELN

KÖNNEN 2 JAHRE OHNE NAHRUNG ÜBERLEBEN!

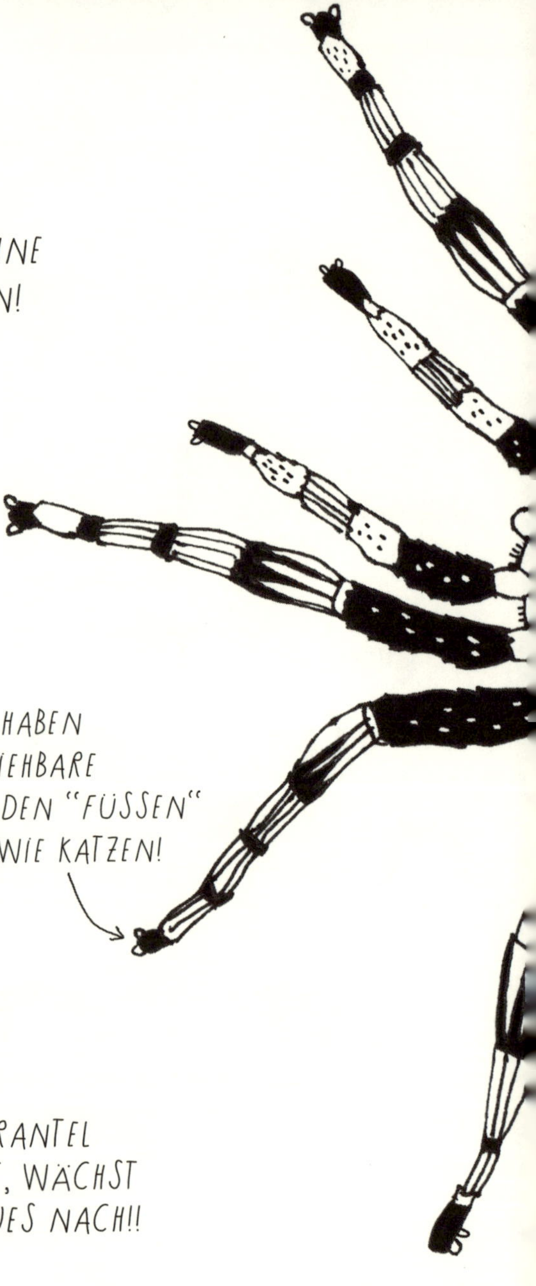

SIE HABEN EINZIEHBARE KRALLEN AN DEN "FÜSSEN" - GENAU WIE KATZEN!

WENN EINE TARANTEL EIN BEIN VERLIERT, WÄCHST EINFACH EIN NEUES NACH!!

TARANTELN WEBEN KEINE SPINNENNETZE - SIE SCHMÜCKEN MIT IHRER SEIDE IHR ZUHAUSE!

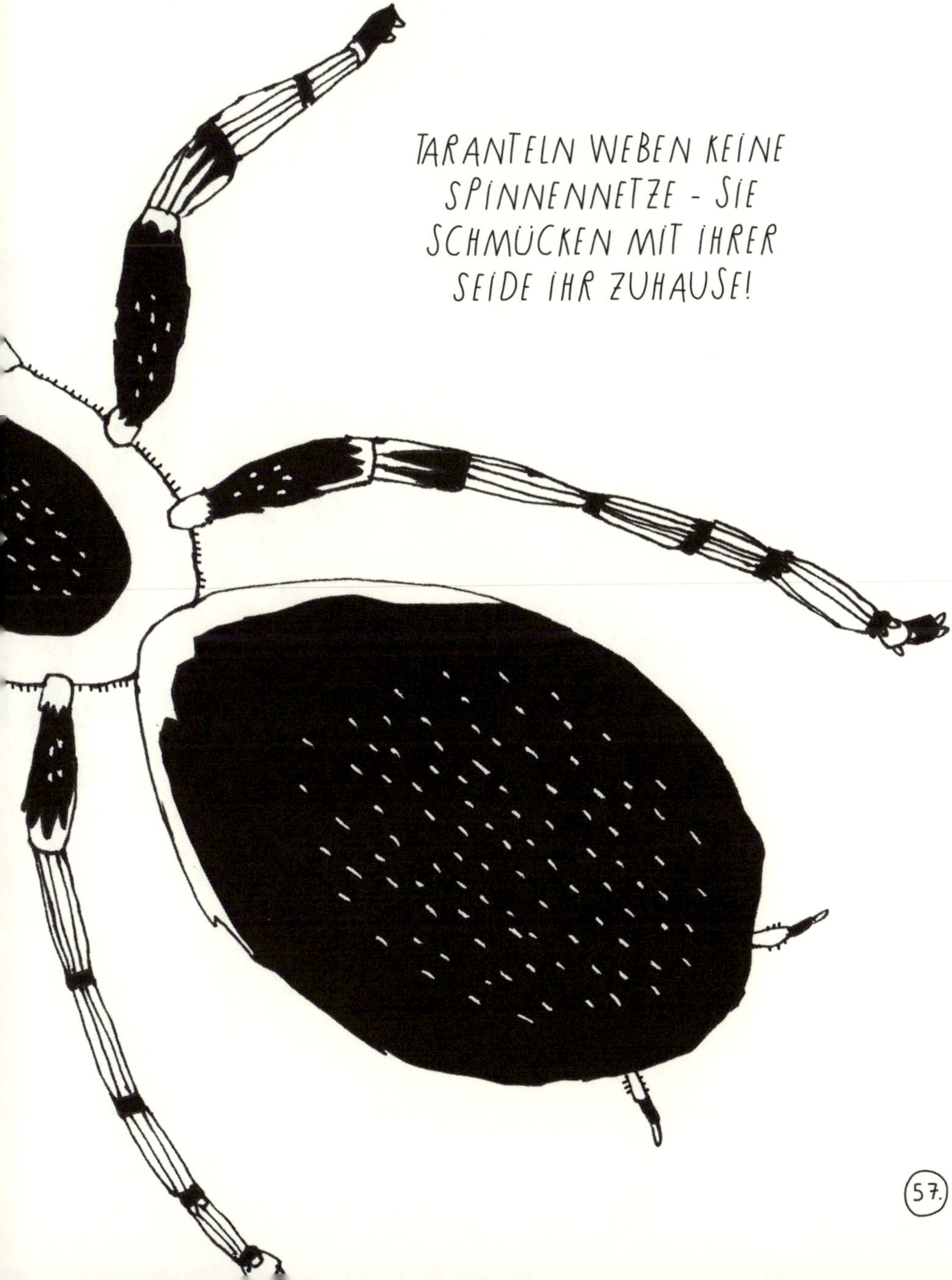

ZEBRAS

HABEN SCHWARZES FELL
MIT WEISSEN STREIFEN,
NICHT UMGEKEHRT!

ALLE CLOWNFISCHE WERDEN ALS MÄNNCHEN GEBOR

WENN DAS WEIBCHEN
EINER HAREMSGRUPPE STIRBT,
WIRD DAS GRÖSSTE MÄNN-
CHEN ZUM WEIBCHEN, UM
SEINEN PLATZ EINZUNEHMEN!

WER EINE FRAU WERDEN WILL, MUSS EIN GANZER KERL SEIN!

AMEISEN

HABEN KEINE LUNGE!

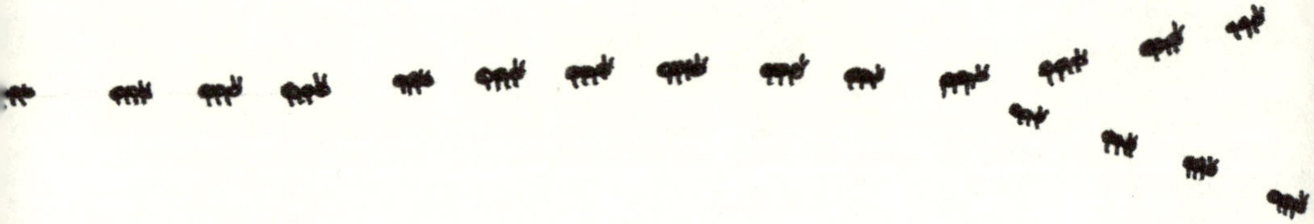

SIE TREIBEN BLATTLÄUSE ZUSAMMEN UND TRINKEN DIE ZUCKERLÖSUNG, DIE DIESE AUSSCHEIDEN.

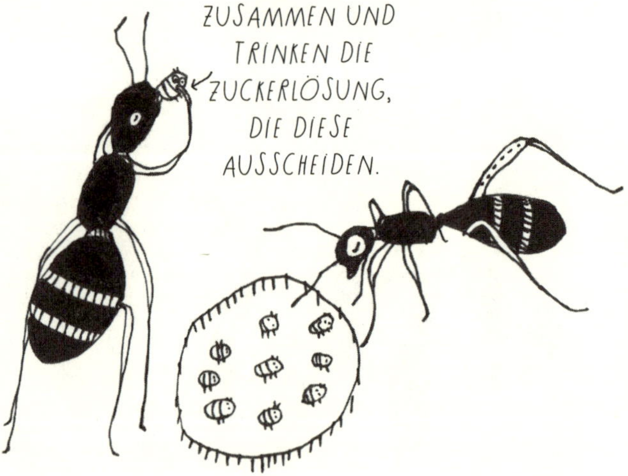

AMEISEN SIND ABGESEHEN VOM MENSCHEN DIE EINZIGEN TIERE, DIE ANDERE TIERE ZÜCHTEN!

AUF JEDEN MENSCHEN
AUF DIESEM PLANETEN KOMMEN
1 MILLION AMEISEN ...

AMEISENKÖNIGINNEN
WERDEN BIS
ZU 30 JAHRE ALT!

AMEISEN VERNEIGEN SICH,
WENN SIE EINANDER GRÜSSEN!

GROSSE AMEISENBÄREN

FRESSEN JEDEN TAG RUND
30.000 AMEISEN UND TERMITEN!

AMEISENBÄRENJUNGE REITEN NACH DER GEBURT EIN GANZES JAHR LANG AUF DEM RÜCKEN IHRER MÜTTER.

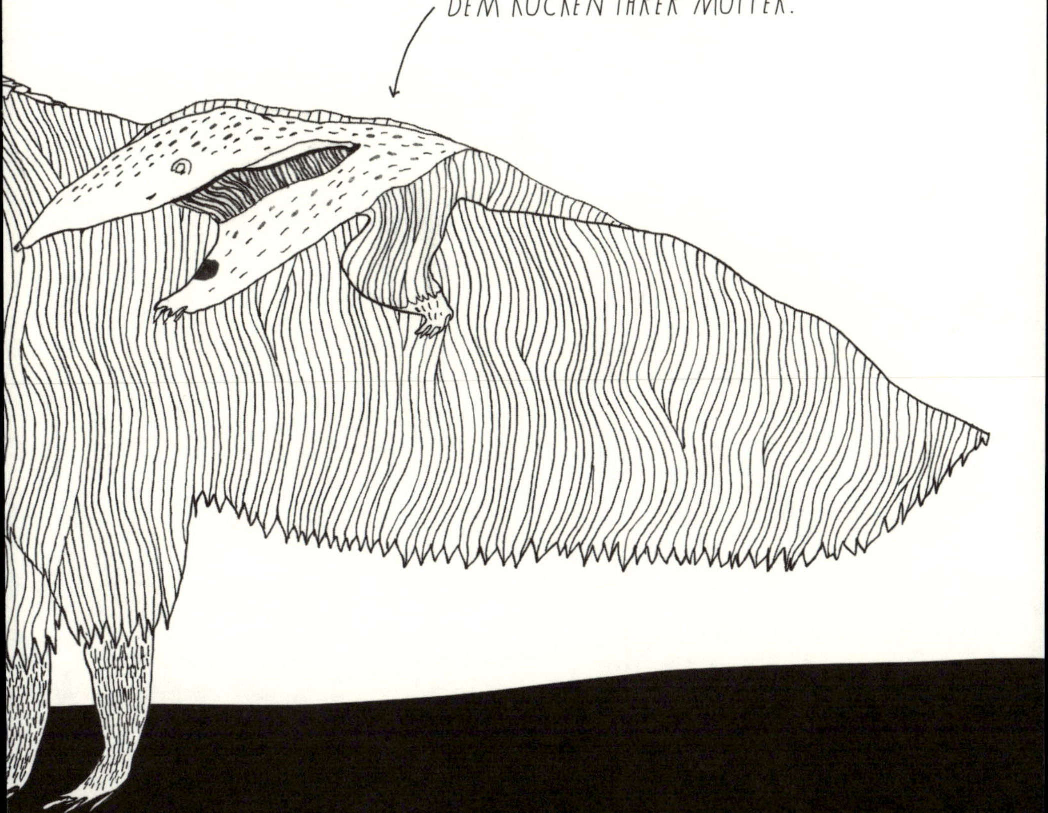

ES IST **SCHWEINEN**
AUFGRUND IHRES
KÖRPERBAUS NICHT
MÖGLICH, IN DEN
HIMMEL ZU BLICKEN.

WENN **BLAUWALE** SCHLAFEN, DANN IST ABWECHSELND IMMER IHR HALBES GEHIRN ABGESCHALTET

SONST WÜRDEN SIE VERGESSEN, AN DIE WASSEROBERFLÄCHE ZU KOMMEN UND ZU ATMEN UND WÜRDEN ERTRINKEN!!

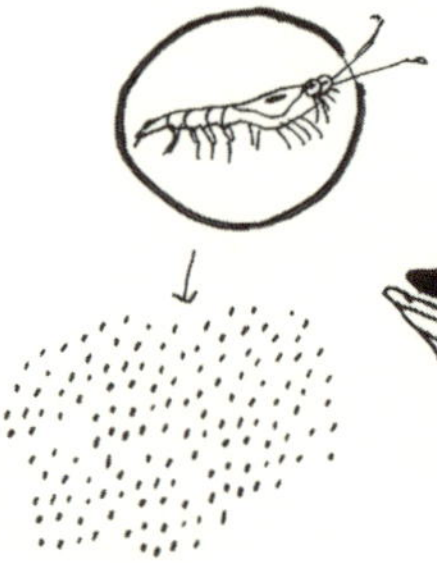

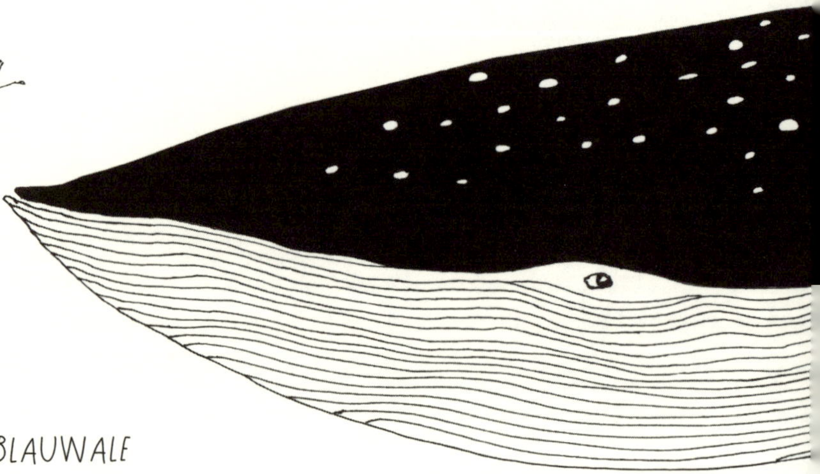

BLAUWALE FRESSEN JEDEN TAG 5.400 KILOGRAMM KRILL!

DAS HERZ EINES BLAUWALS IST SO GROSS WIE EIN AUTO!

SIE HABEN BAUCHNABEL!

TAPIR-JUNGE
SEHEN SO AUS!
ECHT.

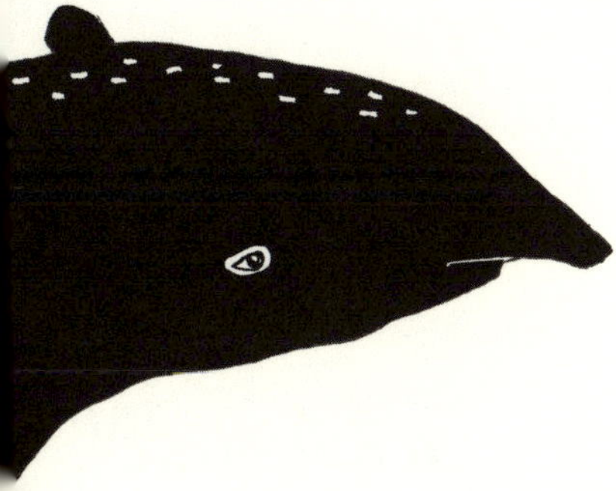

TAPIRE SCHWIMMEN
UNGLAUBLICH GERN, UND IHRE
LANGEN, BIEGSAMEN NASEN
KÖNNEN SIE IM WASSER
ALS SCHNORCHEL
BENUTZEN!!

GIRAFFEN
HABEN SEHR
LANGE HÄLSE,
UM AN DIE ÄSTE GANZ
OBEN ZU GELANGEN.

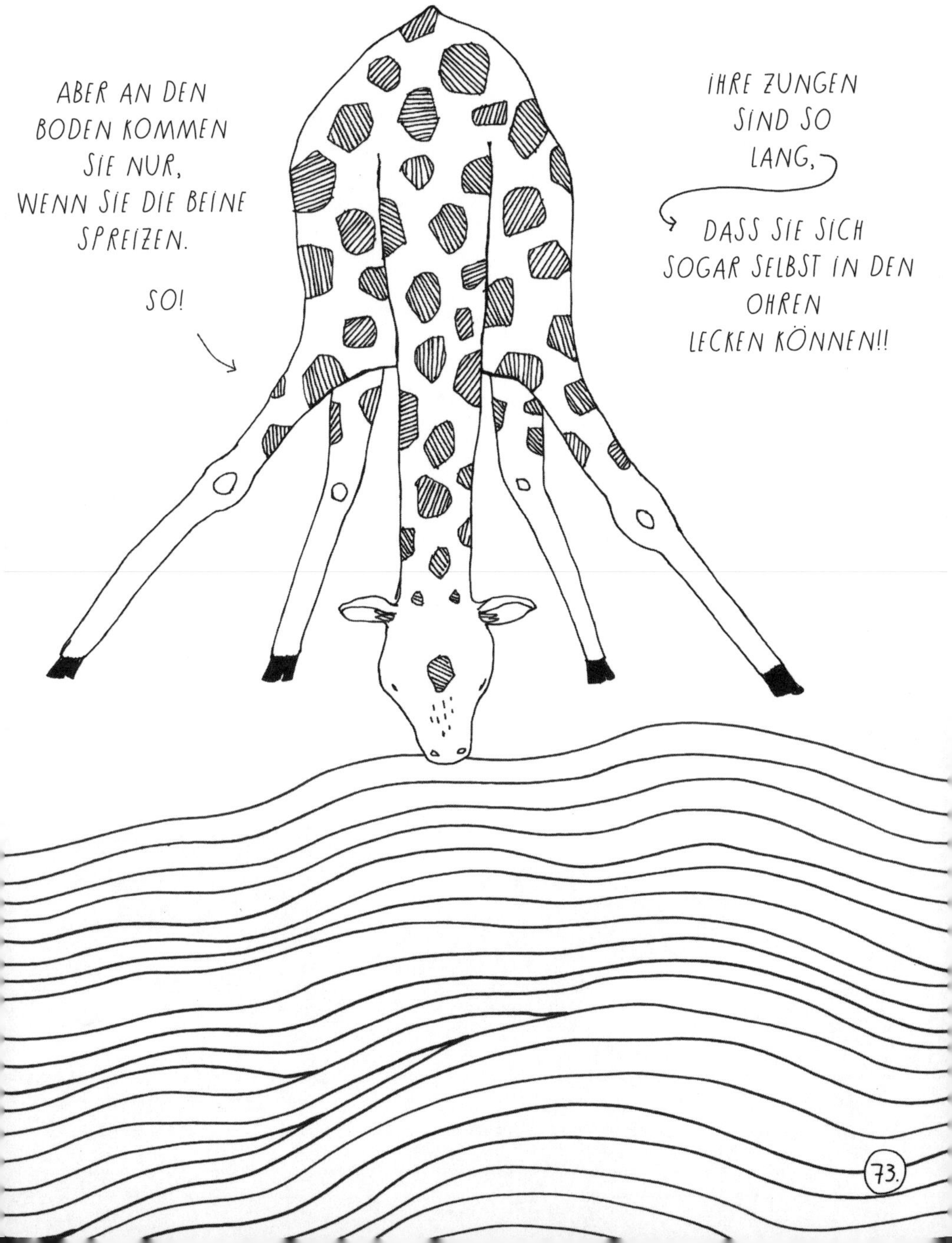
ABER AN DEN
BODEN KOMMEN
SIE NUR,
WENN SIE DIE BEINE
SPREIZEN.
SO!
IHRE ZUNGEN
SIND SO
LANG,
DASS SIE SICH
SOGAR SELBST IN DEN
OHREN
LECKEN KÖNNEN!!

ROBBEN KÖNNEN IM WASSER SCHLAFEN.

CHAMÄLEONS

KÖNNEN DIE AUGEN EINZELN BEWEGEN - UND IN ZWEI VERSCHIEDENE RICHTUNGEN GLEICHZEITIG GUCKEN!

DIE ZUNGE EINES
CHAMÄLEONS KANN SO
LANG SEIN WIE
SEIN KÖRPER!

LÖWENWEIBCHEN
SIND FÜR DIE JAGD
VERANTWORTLICH.

UND LÖWENMÄNNCHEN
SCHLAFEN BIS ZU
20 STUNDEN AM TAG.

ZIEGEN

HABEN UNTERSCHIEDLICHE AKZENTE, JE NACHDEM WOHER SIE KOMMEN!

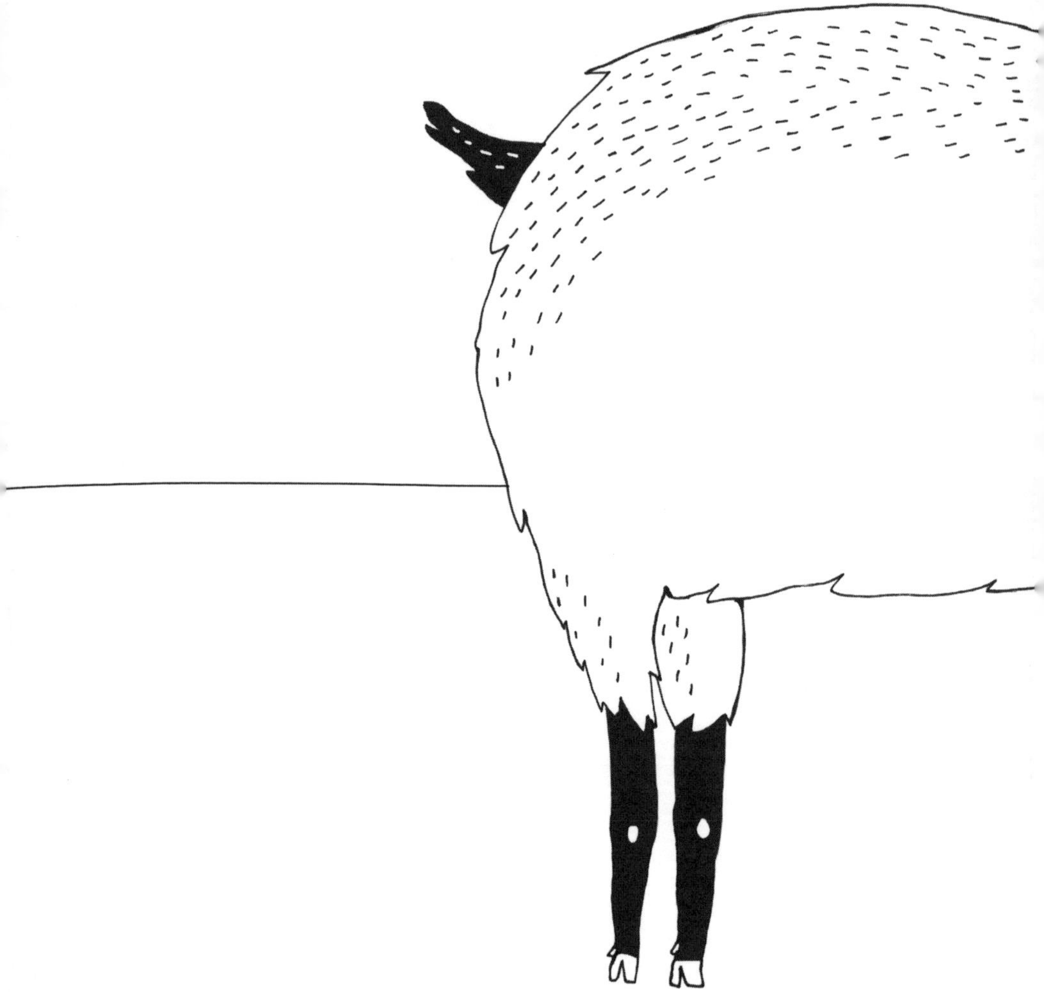

ZIEGENMÄNNCHEN PIESELN SICH SELBST AUF DEN KOPF, UM FÜR WEIBCHEN ATTRAKTIVER ZU SEIN ...

SCHLANGEN

KÖNNEN BEUTE VERSCHLINGEN, DIE GRÖSSER IST ALS IHR KOPF!

DIE MEISTEN SCHLANGEN LEGEN EIER, ABER EINIGE ARTEN BRINGEN IHREN NACHWUCHS LEBEND ZUR WELT – BIS ZU 60 SCHLANGEN-BABYS AUF EINMAL!

DER KOPF DES

TRUTHAHNS

KANN DIE FARBE WECHSELN
- ROT, WEISS ODER BLAU,
JE NACH STIMMUNG.

ELEFANTEN
MÜTTER HA
EINE TRAGZEIT
FAST 2 JAHR
ELEFANTEN-
JUNGE NUCKELN
ZUM TROST
AM EIGENEN
RÜSSEL!

AFRIKANISCHE ELEFANTEN HABEN NUR 4 BACKENZÄHNE, UM IHRE NAHRUNG ZU ZERKAUEN.

HÜHNER SIND DIE ENGSTEN NOCH LEBENDEN VERWANDTEN DES TYRANNOSAURUS REX.

BIENEN
SCHLAFEN NIE.

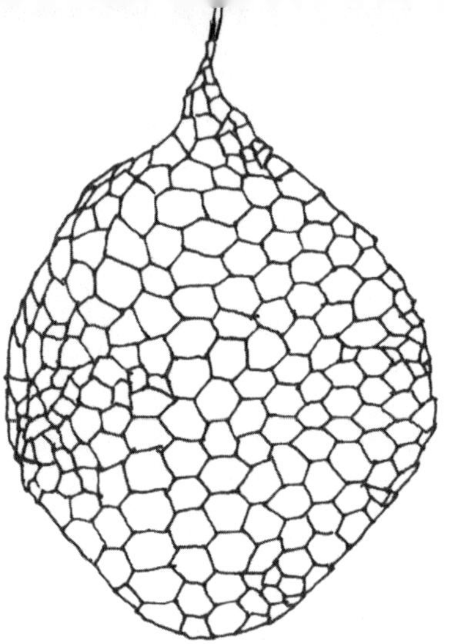

BIENEN MÜSSEN ÜBER
4 MILLIONEN BLÜTEN
BESUCHEN, UM
1 KILOGRAMM HONIG
ZU PRODUZIEREN.

HONIG KANN NICHT VERDERBEN. NIEMALS!!

BIS ZUM ENDE DES
17. JAHRHUNDERTS WURDE DIE
BIENENKÖNIGIN ALS "KÖNIG"
BEZEICHNET, DOCH DANN MUSSTEN
WISSENSCHAFTLER ZUGEBEN, DASS
ES TATSÄCHLICH EIN WEIBCHEN IST!

TIGER

HABEN AUF DER HAUT
DASSELBE MUSTER
WIE IM FELL!

WENN WIR RASIERT WÄREN, WÜRDET IHR DAS GAR NICHT MERKEN.

SCHNABELTIERE

SIND KOMISCHE SÄUGETIERE, DIE ES NUR IN AUSTRALIEN GIBT.

UND DIE WEIBCHEN
LEGEN EIER!
DIE MÄNNCHEN
HABEN GIFTDRÜSEN!

KÜHE

KÖNNEN IM STEHEN SCHLAFEN,
ABER TRÄUMEN KÖNNEN SIE
NUR IM LIEGEN!

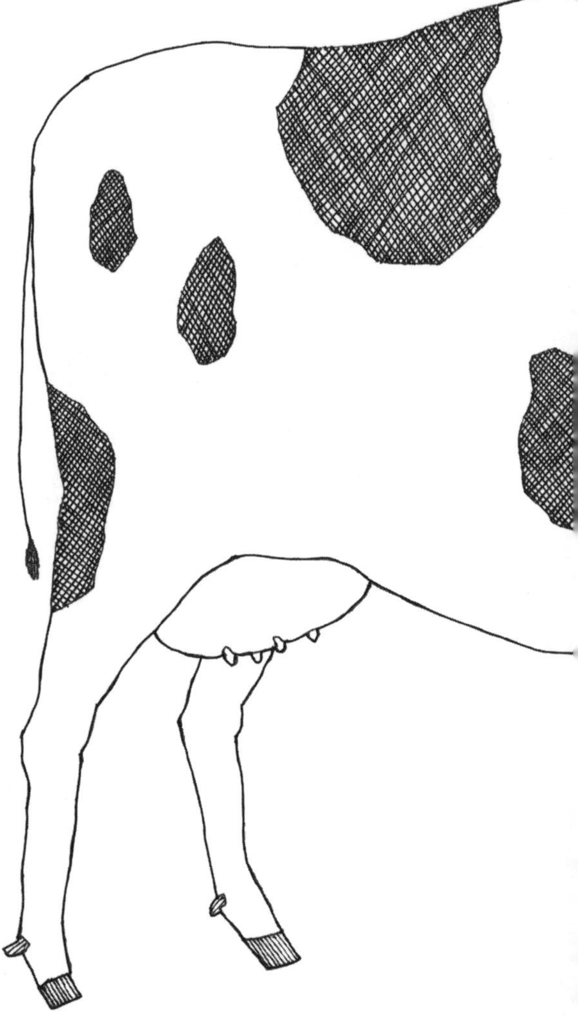

GRASHÜPFER

HABEN FÜNF AUGEN.

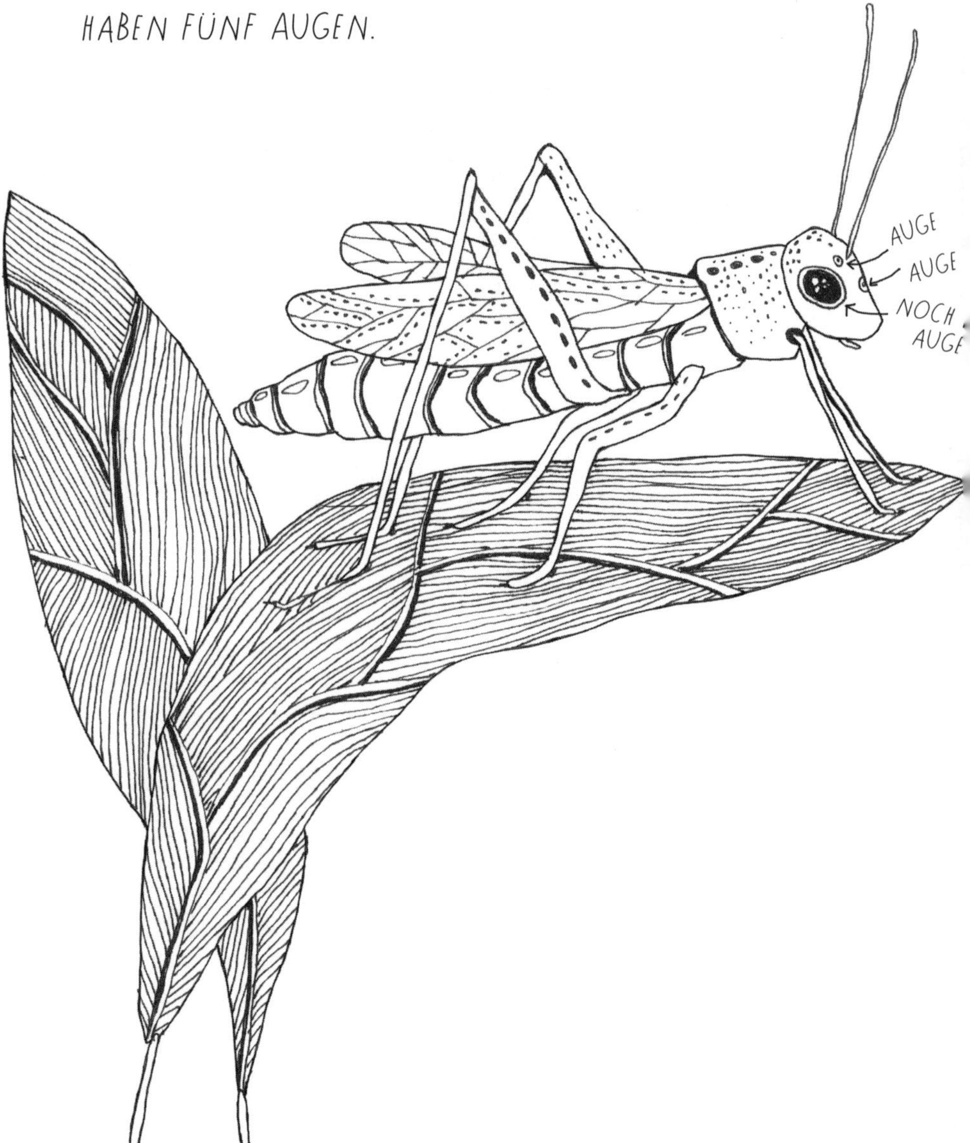

UND SIE KÖNNEN
ZWANZIG MAL SO HOCH
SPRINGEN, WIE IHR
KÖRPER LANG IST.

FLEDERMÄUSE

SIND DIE EINZIGEN SÄUGE-
TIERE, DIE FLIEGEN
KÖNNEN!

ES GIBT VIELE VERSCHIEDENE FLEDERMAUSSORTEN (ÜBER 1.200 VERSCHIEDENE ARTEN)!

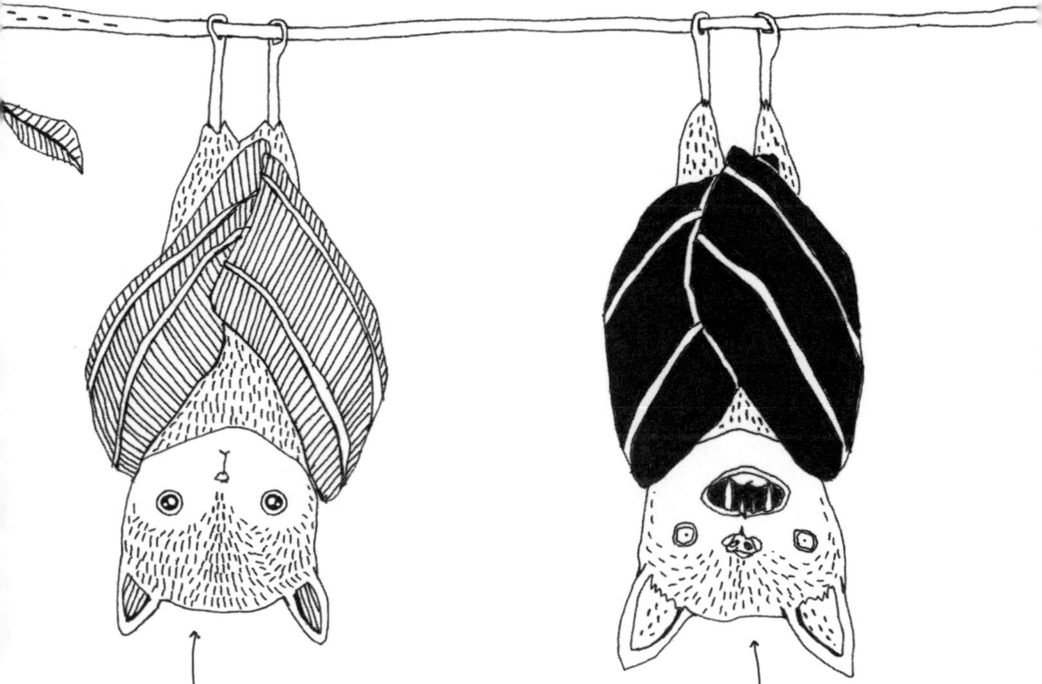

EINIGE SIND RICHTIG SÜSS!

UND EINIGE SEHEN EHER ZUM FÜRCHTEN AUS ...

KOALABÄREN

SIND GAR KEINE BÄREN!!

(SIE SIND NAHE VERWANDTE DER KÄNGURUS.)

SIE FRESSEN AUSSCHLIESSLICH EUKALYPTUSBLÄTTER.

DABEI TRINKEN SIE NICHT MAL WASSER ...

UND SIE SCHLAFEN 22 STUNDEN AM TAG!

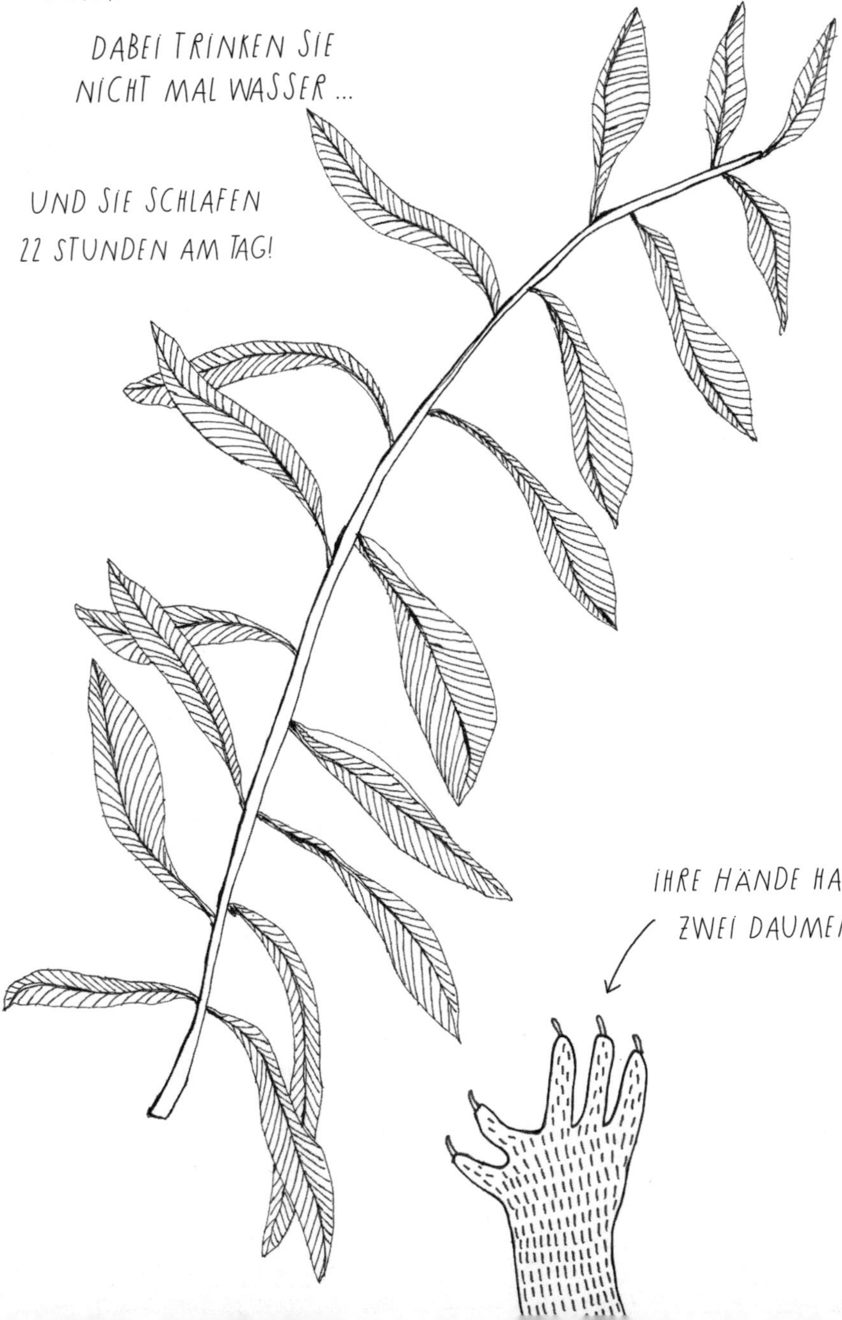

IHRE HÄNDE HABEN ZWEI DAUMEN!

FLAMINGOS

KÖNNEN NUR KOPFÜBER FRESSEN.

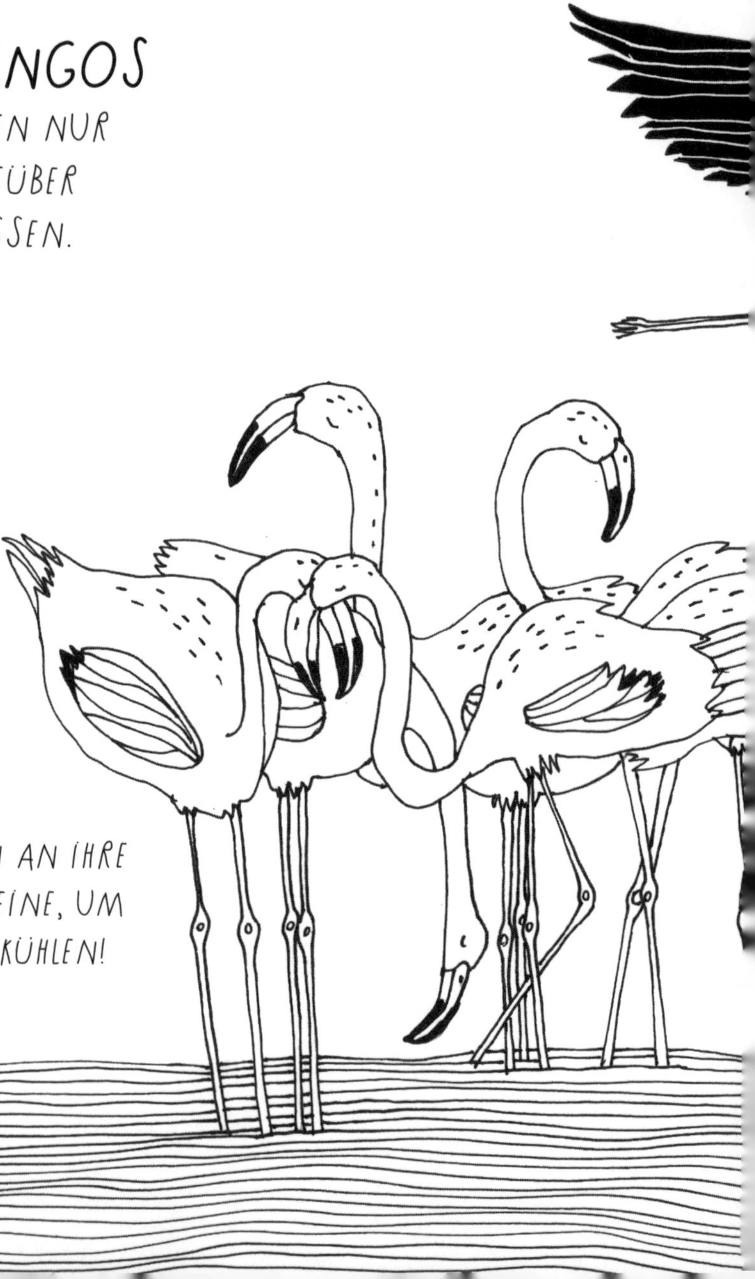

SIE PIESELN AN IHRE EIGENEN BEINE, UM DIESE ZU KÜHLEN!

FLAMINGOS
HALTEN SICH GERN
IN GROSSEN
GRUPPEN AUF.

ES WURDEN
SCHON ÜBER
<u>EINE MILLION</u>
FLAMINGOS AN
EINEM ORT GEZÄHLT!!

EIN ERWACHSENES

NASHORN

PRODUZIERT AM TAG ÜBER 20 KILO DUNG!

NASHÖRNER HABEN OFT VÖGEL
AUF DEM RÜCKEN.
DAS IST SEHR PRAKTISCH. DIE VÖGEL
PICKEN DIE NERVIGEN INSEKTEN
VON DER HAUT.

NASHORNJUNGE BLEIBEN
BEI IHREN MÜTTERN, BIS
SIE UNGEFÄHR DREI JAHRE
ALT SIND!

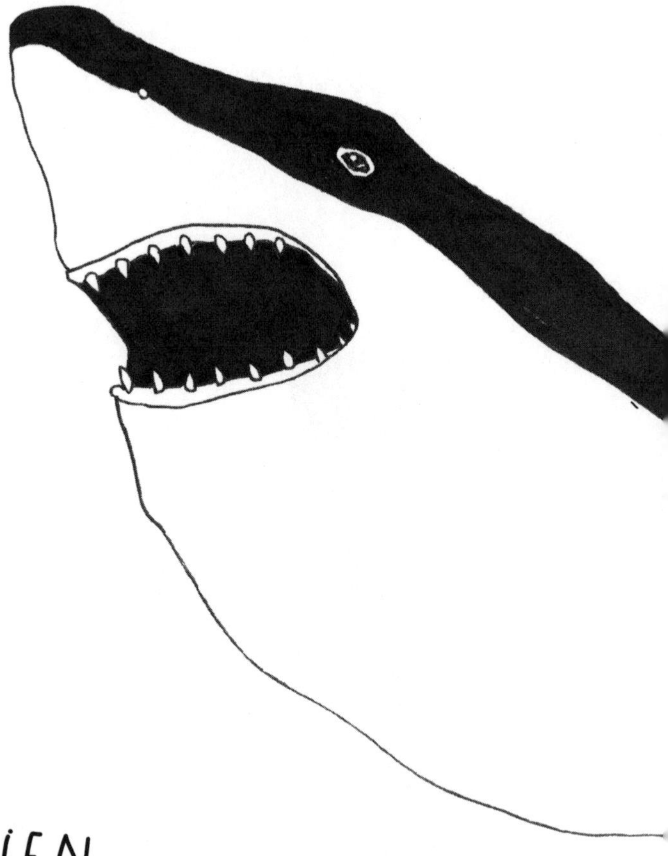

HAIEN

WACHSEN UNABLÄSSIG
NEUE ZÄHNE.
(BIS ZU 30.000 IM LAUFE
IHRES LEBENS!!!)

HAIMÜTTER VERLIEREN VOR DER GEBURT IHRER KINDER DEN APPETIT, DAMIT SIE NICHT IN VERSUCHUNG KOMMEN, IHREN EIGENEN NACHWUCHS ZU FRESSEN!

FAULTIERE SIND SO LANGSAM, DASS IN IHREM FELL GRÜNALGEN WACHSEN.

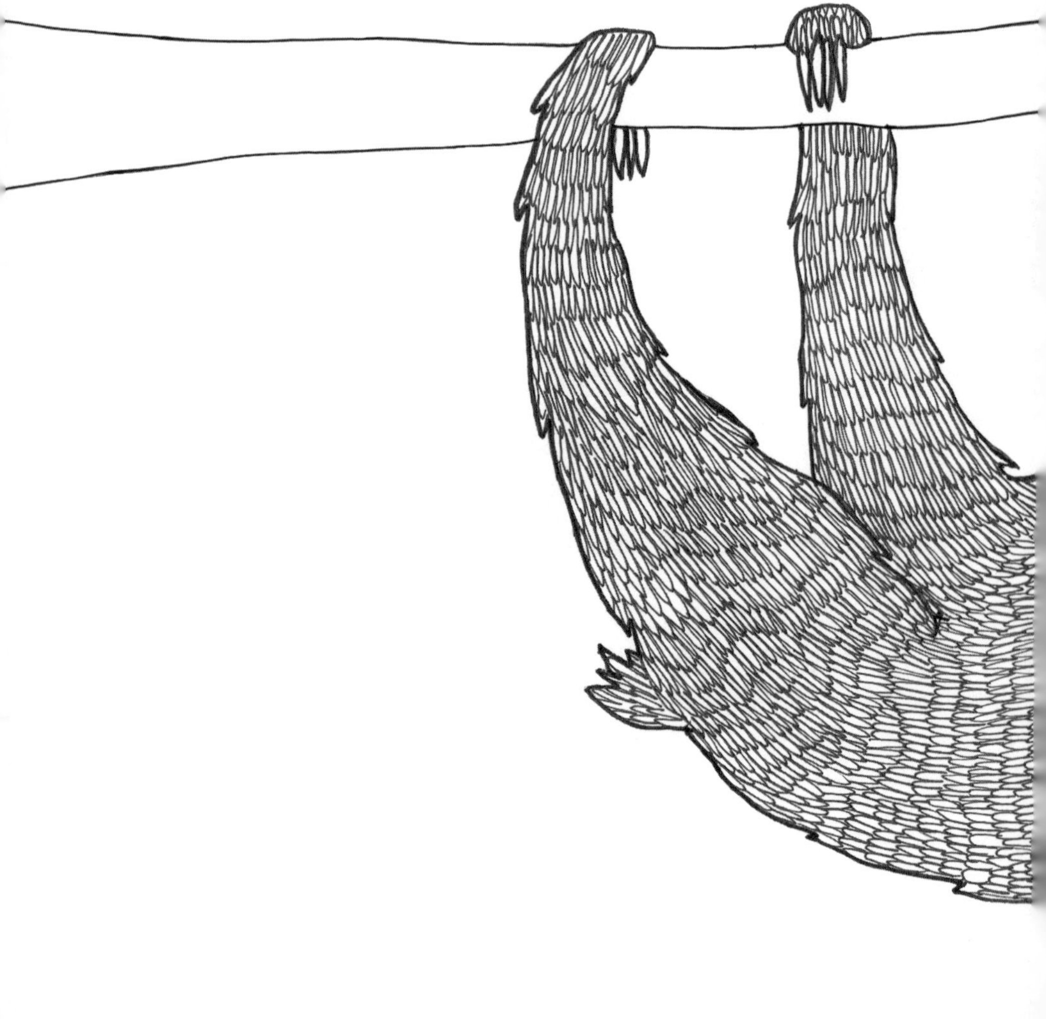

WEIL SIE FAST IHR GANZES LEBEN KOPFÜBER AM BAUM HÄNGEN, WÄCHST IHR FELL IN DIE ENTGEGENGESETZTE RICHTUNG WIE BEI ANDEREN TIEREN!

SIE KLETTERN NUR EINMAL DIE WOCHE VOM BAUM …
UM ZU KACKEN!

VIELE KÜCHENSCHABEN AN EINEM ORT NENNT MAN EINE INVASION!

KÜCHENSCHABEN KÖNNEN NOCH
VIER TAGE LEBEN,
NACHDEM IHNEN DER KOPF
ABGESCHLAGEN WURDE!

KÜCHENSCHABEN KÖNNEN
FAST ALLES FRESSEN,
ABER GURKEN MÖGEN
SIE NICHT...

DAS FELL DER

EISBÄREN

IST GAR NICHT WEISS,
ES IST DURCHSICHTIG.
ABER IHRE HAUT
IST SCHWARZ!

DAS IST SEHR SCHLAU, DENN DIE SCHWARZE HAUT NIMMT DIE SONNENWÄRME AUF, UND DAS DURCHSICHTIGE FELL REFLEKTIERT DEN SCHNEE, SODASS SIE MIT IHRER UMGEBUNG VERSCHMELZEN!

SEESTERNE

HABEN KEIN GEHIRN.
ABER AN JEDEM
ARM VORN EIN AUGE.

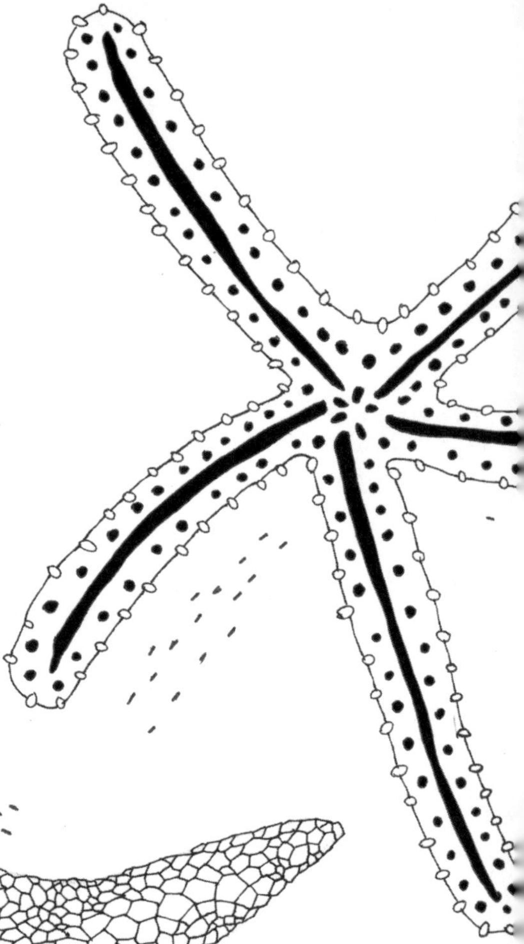

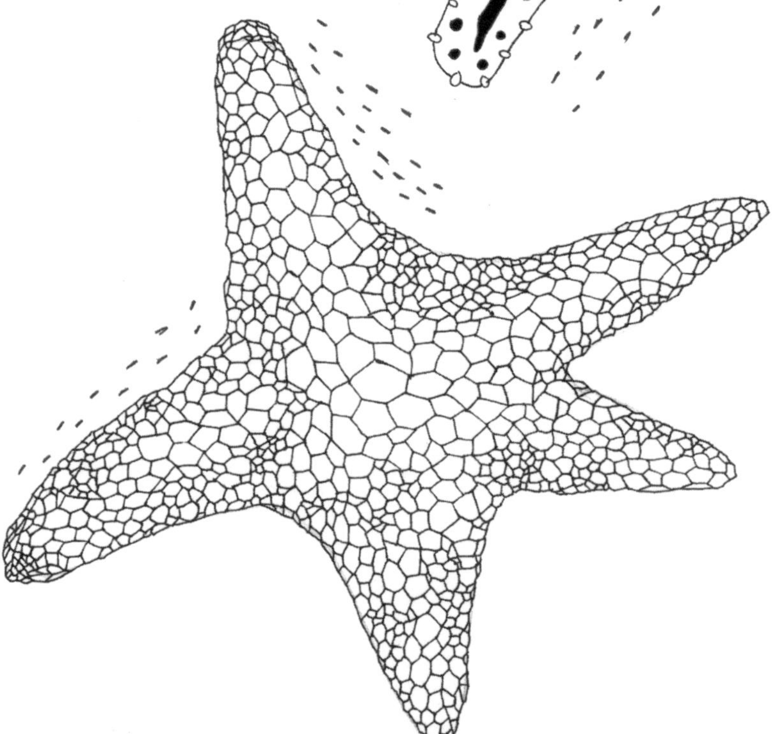

DANKE

DANIEL,
FÜR ALLES.

JESSICA & ANNA, WEIL SIE LANGE VOR MIR AN MICH GEGLAUBT HABEN!

MARTIN EMTENÄS,
FÜR INSPIRIERENDES FEEDBACK IM RICHTIGEN AUGENBLICK!

KAITLIN, ALI & EMMA,
FÜR EURE LIEBE UND GEDULD! ES WAR UNGLAUBLICH TOLL, MIT EUCH ZUSAMMEN DIESES BUCH ZU MACHEN!

TINI,
FÜR DEINE ENDLOSE POSITIVE ENERGIE!

CARL, FÜR DIE GANZE HILFE!

STELLA, ALBERT, MAMA, PAPA,
FÜR EURE NIE ENDENDE UNTERSTÜTZUNG!

ALEXANDRA VON SCHWERIN,
FÜRS GUTE ZUREDEN!

JONAS WAHLSTRÖM,
FÜR DEINE SACHKENNTNIS!

MAJA
LEBT ALS ARCHITEKTIN
UND ILLUSTRATORIN
IN STOCKHOLM. IHRE
'TZIGEN TIERZEICHNUNGEN'
HABEN FANS IN DER
GANZEN WELT. MEHR
VON IHR AUF:

WWW.MAJASBOK.SE

Die amerikanische Originalausgabe erschien 2016 unter dem Titel
»The Illustrated Compendium of Amazing Animal Facts« bei Ten Speed Press, New York.

3. Auflage 2018

This translation is published by arrangement with Ten Speed Press,
an imprint of the Crown Publishing Group, a division of Penguin Random House LLC.
Covergestaltung: www.buerosued.de nach einem Entwurf von Maja Säfström
Coverillustrationen: Maja Säfström
Satz: Reproline mediateam GmbH & Co. KG
Druck und Bindung: CPI books GmbH, Leck
Printed in Germany
ISBN 978-3-328-10152-9
www.penguin-verlag.de